Impressum
Verlag: BABADADA GmbH, Nedderfeld 112 , 22529 Hamburg
Geschäftsführer / Verlagsleitung: Harald Hof
Druck: Books on Demand GmbH, In de Tarpen 42, 22848 Norderstedt

Imprint
Publisher: BABADADA GmbH, Nedderfeld 112 , 22529 Hamburg, Germany
Managing Director / Publishing direction: Harald Hof
Print: Books on Demand GmbH, In de Tarpen 42, 22848 Norderstedt

el colegio
xue xiao

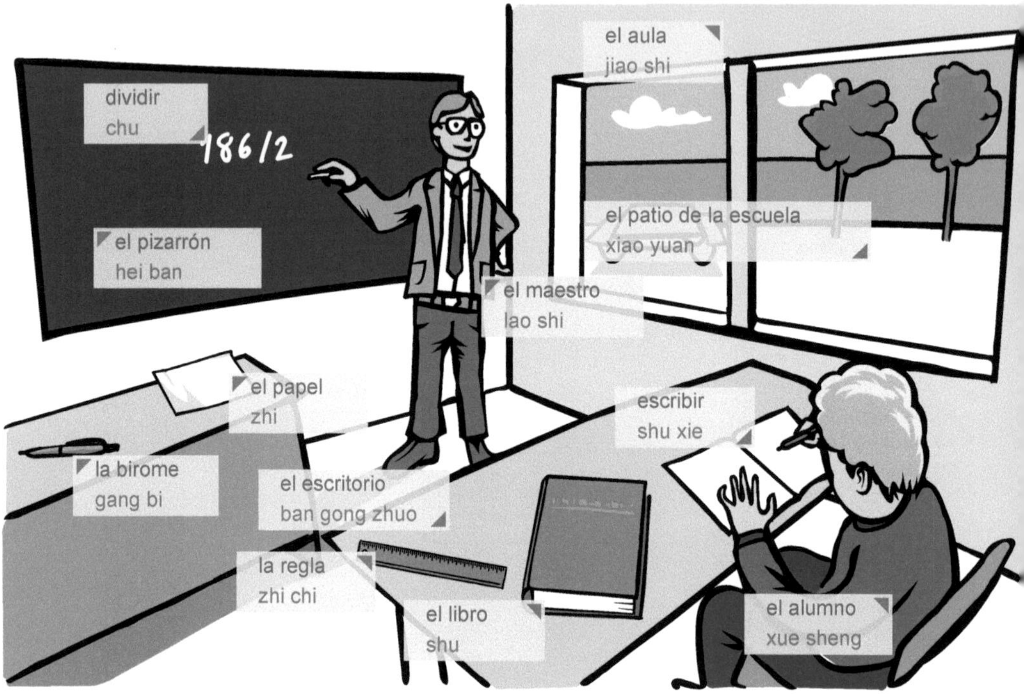
el aula
jiao shi
dividir
chu
186/2
el patio de la escuela
xiao yuan
el pizarrón
hei ban
el maestro
lao shi
el papel
zhi
escribir
shu xie
la birome
gang bi
el escritorio
ban gong zhuo
la regla
zhi chi
el libro
shu
el alumno
xue sheng

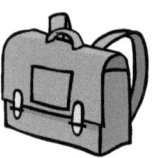

la mochila
shu bao

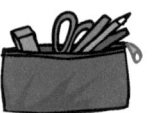

la caja de lápices
qian bi he

el lápiz
qian bi

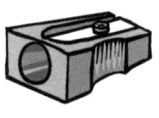

el sacapuntas
juan bi dao

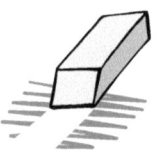

la goma (de borrar)
xiang pi ca

el bloc de dibujo
hua ban

el dibujo

tu hua

el pincel

hua bi

la caja de pinturas

yan liao he

la tijera

jian dao

el pegamento

jiao shui

el cuaderno de ejercicios

lian xi ce

la tarea

jia ting zuo ye

el número

shu zi

sumar

jia

restar

jian

multiplicar

cheng

calcular

ji suan

la letra

zi mu

el abecedario

zi mu biao

la palabra

zi

el texto

ke wen

leer

du

la tiza

fen bi

la lección

shang ke

el cuaderno de clase

deng ji

el examen

kao shi

el certificado

zheng shu

el uniforme escolar

xiao fu

la educación

jiao yu

la enciclopedia

bai ke quan shu

la universidad

da xue

el microscopio

xian wei jing

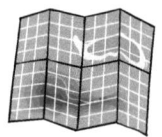

el mapa

di tu

el tacho (de basura)

fei zhi kuang

el viaje

lü xing

el hotel
jiu dian
Grand
el hostel
qing nian lü xing she
la casa de cambio
wai bi dui huan chu
la valija
shou ti xiang
el auto
qi che

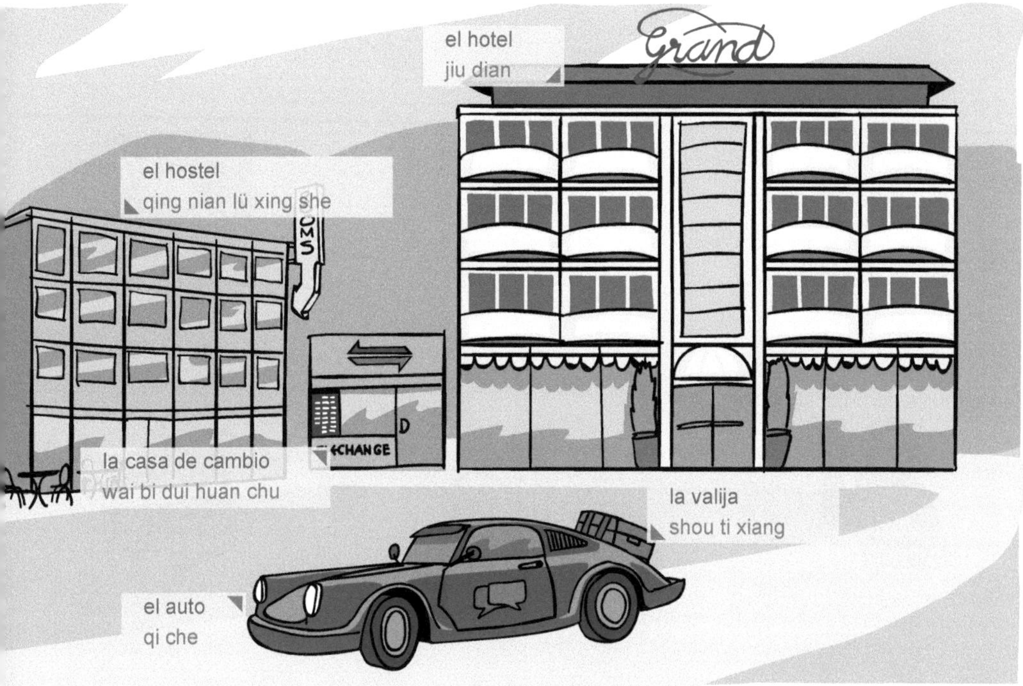

el idioma

yu yan

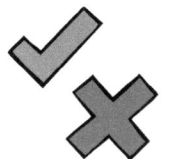

sí / no

shi/fou

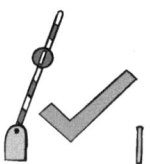

Está bien

hao de

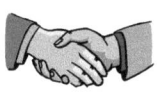

hola

nin hao

el traductor

fan yi yuan

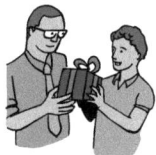

Gracias

xie xie

¿cuánto cuesta...?

......duo shao qian?

No entiendo

wo bu ming bai

el problema

wen ti

¡Buenas tardes!

wan shang hao!

¡Buenos días!

zao shang hao!

¡Buenas noches!

wan an!

el adiós

zai jian

la dirección

fang xiang

el equipaje

xing li

el bolso

bao

la mochila

shuang jian bao

el invitado

ke ren

la habitación

fang jian

la bolsa de dormir

shui dai

la carpa

zhang peng

la información turística

lü you xin xi

la playa

hai tan

la tarjeta de crédito

xin yong ka

el desayuno

zao can

el almuerzo

wu can

la cena

wan can

el pasaje

piao

el ascensor

dian ti

el sello

you piao

la frontera

bian jie

la aduana

hai guan

la embajada

da shi guan

la visa

qian zheng

el pasaporte

hu zhao

el transporte
jiao tong yun shu

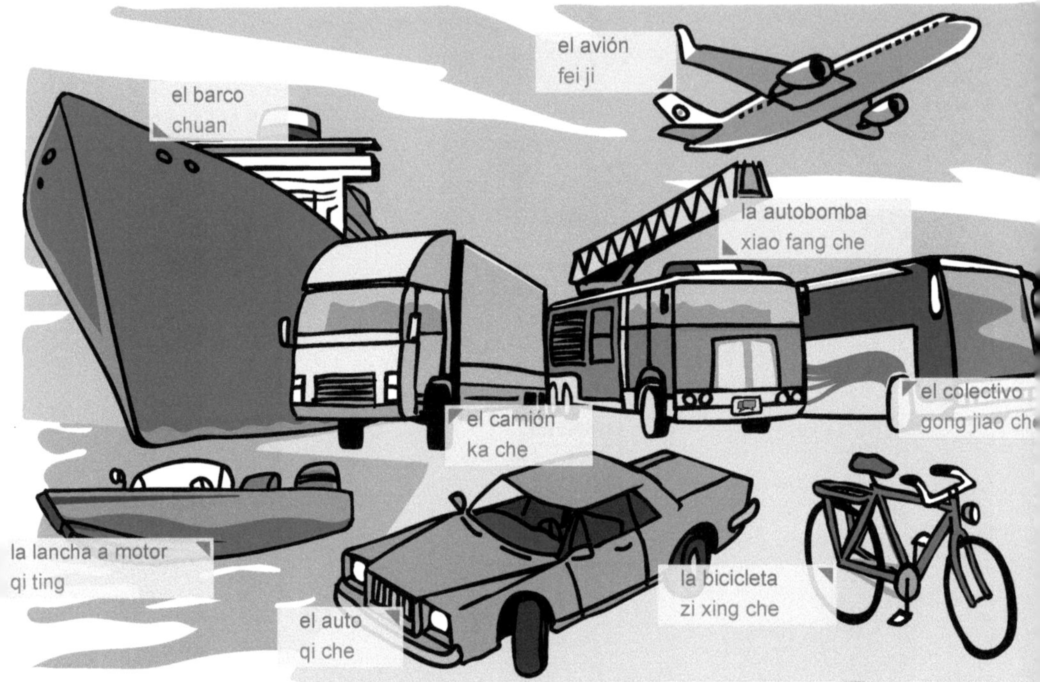

el avión
fei ji
el barco
chuan
la autobomba
xiao fang che
el colectivo
gong jiao ch
el camión
ka che
la lancha a motor
qi ting
la bicicleta
zi xing che
el auto
qi che

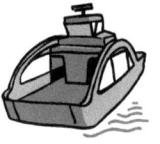

el ferry

bai du chuan

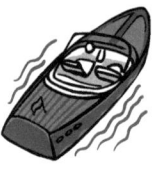

el bote

xiao chuan

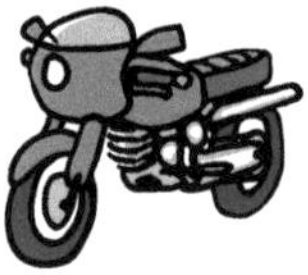

la moto

mo tuo che

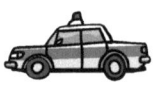

el patrullero

jing che

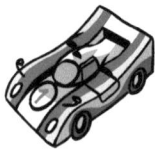

el auto de carreras

sai che

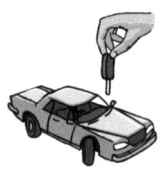

el auto de alquiler

zu che

el alquiler de autos

pin che

la grúa

tuo che

el camión de la basura

la ji che

el motor

fa dong ji

la nafta

qi you

la estación de servicio

jia you zhan

la señal de tránsito

jiao tong biao zhi

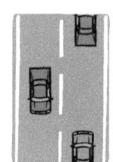

el tránsito

jiao tong

el embotellamiento

jiao tong du sai

el estacionamiento

ting che chang

la estación de tren

huo che zhan

las vías

gui dao

el tren

huo che

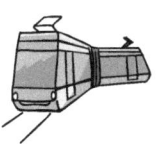

el tranvía

dian che

el vagón

huo che

el helicóptero

zhi sheng ji

el aeropuerto

ji chang

la torre

ta

el pasajero

cheng ke

el contenedor

ji zhuang xiang

la caja de cartón

zhi ban xiang

la carretilla

shou tui che

la canasta

lan zi

despegar / aterrizar

qi fei/jiang luo

la ciudad

cheng shi

el pueblo

cun zhuang

el centro de la ciudad

shi zhong xin

la casa

fang zi

el cine
dian ying yuan

la publicidad
guang gao

el farol
lu deng

CINEMA

la calle
jie dao

el taxi
chu zu che

el kiosco
xiao chi dian

el peatón
xing ren

la vereda
ren xing dao

el paso peatonal
ban ma xian

ntenedor de basura
xiang

el cruce
shi zi lu kou

el semáforo
hong lü deng

la cabaña
xiao wu

el departamento
gong yu

la estación de tren
huo che zhan

la municipalidad
shi zheng ting

el museo
bo wu guan

el colegio
xue xiao

la universidad

da xue

el banco

yin hang

el hospital

yi yuan

el hotel

jiu dian

la farmacia

yao fang

la oficina

ban gong shi

la librería

shu dian

el negocio

shang dian

la florería

hua dian

el supermercado

chao shi

el mercado

shi chang

las grandes tiendas

bai huo shang dian

la pescadería

yu dian

el centro comercial

gou wu zhong xin

el puerto

hai gang

el parque

gong yuan

el banco

chang deng

el puente

qiao

las escaleras

lou ti

el subte

di tie

el túnel

sui dao

la parada del colectivo

gong jiao che zhan

el bar

jiu ba

el restaurante

can guan

el buzón

you tong

el letrero

lu biao

el parquímetro

ting che ji shi qi

el zoológico

dong wu yuan

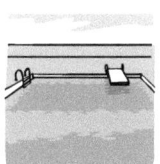

la pileta

you yong guan

la mezquita

qing zhen si

la granja

nong chang

la contaminación

wu ran

el cementerio

mu di

la iglesia

jiao tang

los juegos infantiles

cao chang

el templo

si miao

el paisaje
di xing

la hoja
shu ye

el poste indicador
zhi shi pai

el camino
lu

la pradera
cao di

la piedra
shi tou

el excursionista
tu bu lü xing zhe

el árbol
shu

el río
he

la hierba
cao

la flor
hua

el valle
xia gu

la montaña
shan

el lago
hu

el bosque
sen lin

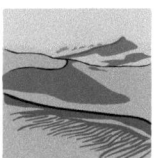

el desierto
sha mo

el volcán
huo shan

el castillo
cheng bao

el arco iris
cai hong

el champiñón
mo gu

la palmera
zong lü shu

el mosquito
wen zi

la mosca
cang ying

la hormiga
ma yi

la abeja
mi feng

la araña
zhi zhu

el escarabajo

jia chong

la rana

qing wa

la ardilla

song shu

el erizo

ci wei

la liebre

ye tu

la lechuza

mao tou ying

el pájaro

niao

el cisne

tian e

el jabalí

ye zhu

el ciervo

lu

el alce

mi lu

la presa

shui ba

el aerogenerador

feng li fa dian ji

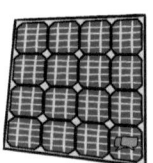

el panel solar

tai yang neng dian chi ban

el clima

qi hou

el restaurante
can guan

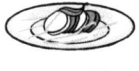

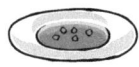

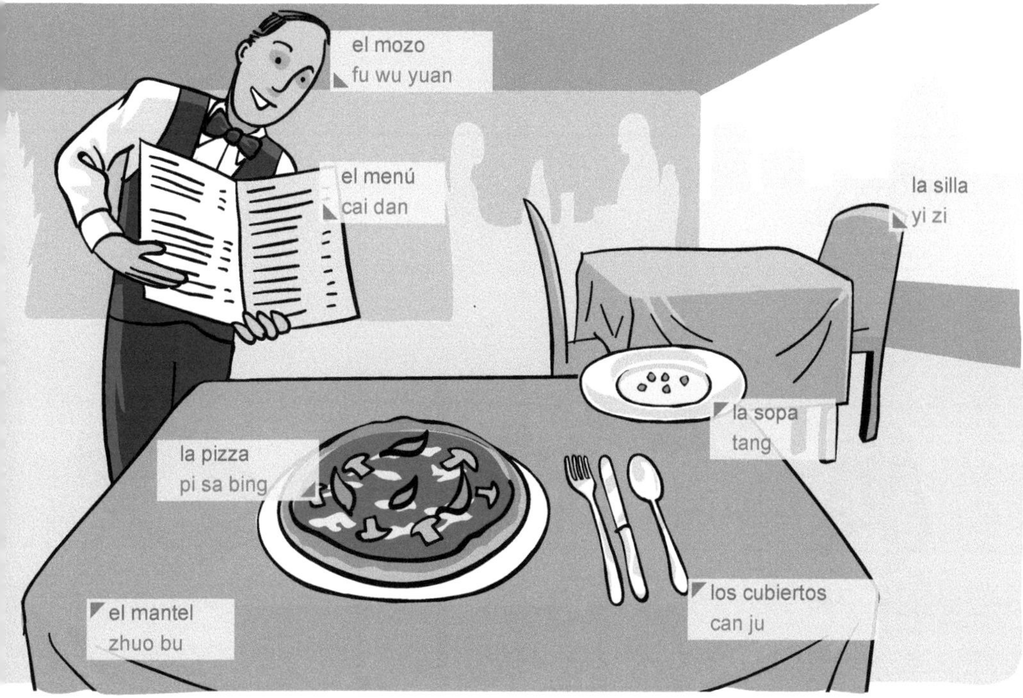

el mozo
fu wu yuan
el menú
cai dan
la silla
yi zi
la sopa
tang
la pizza
pi sa bing
los cubiertos
can ju
el mantel
zhuo bu

la entrada
qian cai

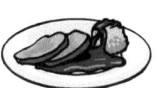

el plato principal
zhu cai

el postre
tian dian

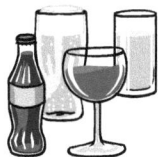

las bebidas
yin liao

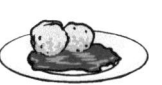

la comida
shi wu

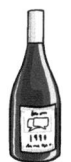

la botella
ping zi

la comida rápida

kuai can

la comida callejera

jie bian xiao chi

la tetera

cha hu

la azucarera

tang he

la porción

yi fen fan cai

la cafetera expreso

yi shi ka fei ji

la sillita alta

gao jiao yi

la cuenta

zhang dan

la bandeja

tuo pan

el cuchillo

dao

el tenedor

can cha

la cuchara

shao zi

la cucharita

cha chi

la servilleta

can jin

el vaso

bo li bei

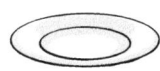

el plato

die zi

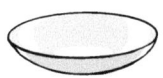

el plato hondo

tang pan

el plato

die zi

la salsa

jiang

el salero

yan ping

el molinillo de pimienta

hu jiao mo

el vinagre

cu

el aceite

shi yong you

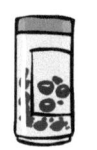

las especias

tiao wei liao

el kétchup

fan qie jiang

la mostaza

jie mo

la mayonesa

dan huang jiang

el supermercado
chao shi

la oferta especial
te jia
el cliente
gu ke
los lácteos
ru zhi pin
FOR
la fruta
shui guo
el changuito
gou wu che

BUTCHERS

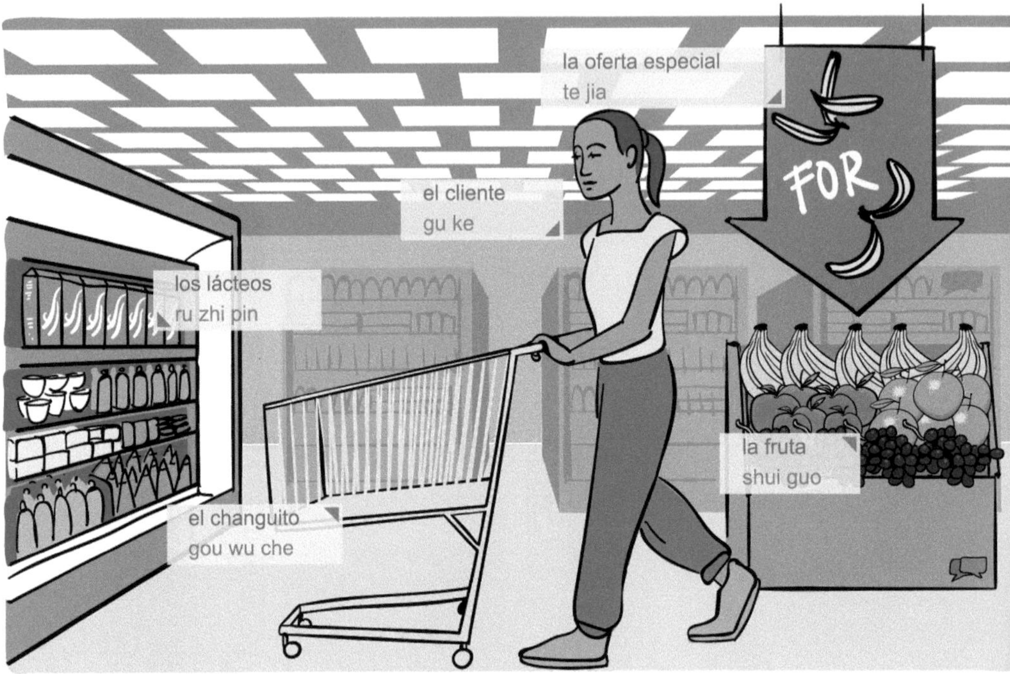

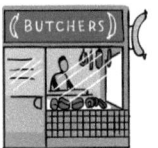

la carnicería

rou pu

BAKERY

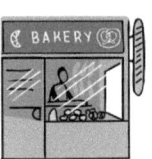

la panadería

mian bao fang

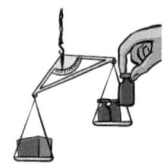

pesar

cheng zhong

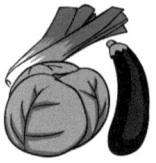

las verduras

shu cai

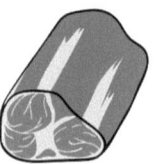

la carne

rou

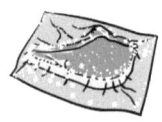

los alimentos congelados

leng dong shi pin

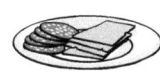

los fiambres

leng pan

los alimentos enlatados

guan tou shi pin

el detergente en polvo

xi yi fen

las golosinas

tian shi

los electrodomésticos

ri yong pin

los productos de limpieza

qing jie yong pin

la vendedora

xiao shou yuan

la caja

shou yin ji

el cajero

shou yin yuan

la lista de compras

gou wu qing dan

el horario de atención

kai fang shi jian

la billetera

qian bao

la tarjeta de crédito

xin yong ka

la cartera

dai zi

la bolsa de plástico

su liao dai

el agua

shui

el jugo

guo zhi

la leche

niu nai

la bebida cola

ke le

el vino

hong jiu

la cerveza

pi jiu

el alcohol

jiu

el cacao

ke ke

el té

cha

el café

ka fei

el café expreso

yi shi nong suo ka fei

el cappuccino

ka bu qi nuo

la banana

xiang jiao

la manzana

ping guo

la naranja

cheng zi

el melón

xi gua

el limón

ning meng

la zanahoria

hu luo bo

el ajo

da suan

el bambú

zhu zi

la cebolla

yang cong

el champiñón

mo gu

las nueces

jian guo

los fideos

mian tiao

los tallarines

yi da li mian tiao

el arroz

mi fan

la ensalada

sha la

las papas fritas

shu tiao

las papas fritas

zha tu dou

la pizza

pi sa bing

la hamburguesa

han bao bao

el sándwich

san ming zhi

el churrasco

zha zhu pai

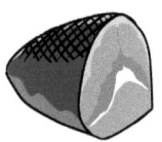

el jamón

huo tui

el salame

sa la mi

la salchicha

xiang chang

el pollo

ji rou

el asado

kao rou

el pescado

yu

los copos de avena

yan mai pian

el muesli

mu zi li

los copos de maíz

yu mi pian

la harina

mian fen

la medialuna

yang jiao mian bao

el pancito

mian bao juan

el pan

mian bao

la tostada

kao mian bao

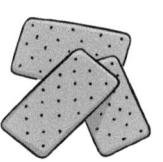

las galletitas

bing gan

la manteca

huang you

la cuajada

ning ru

la torta

dan gao

el huevo

dan

el huevo frito

jian dan

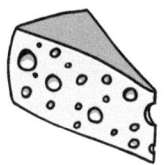

el queso

nai lao

la comida - shi wu

25

el helado

bing ji lin

el azúcar

tang

la miel

feng mi

la mermelada

guo jiang

la pasta de chocolate

qiao ke li jiang

el curry

ga li fan

la granja
nong chang

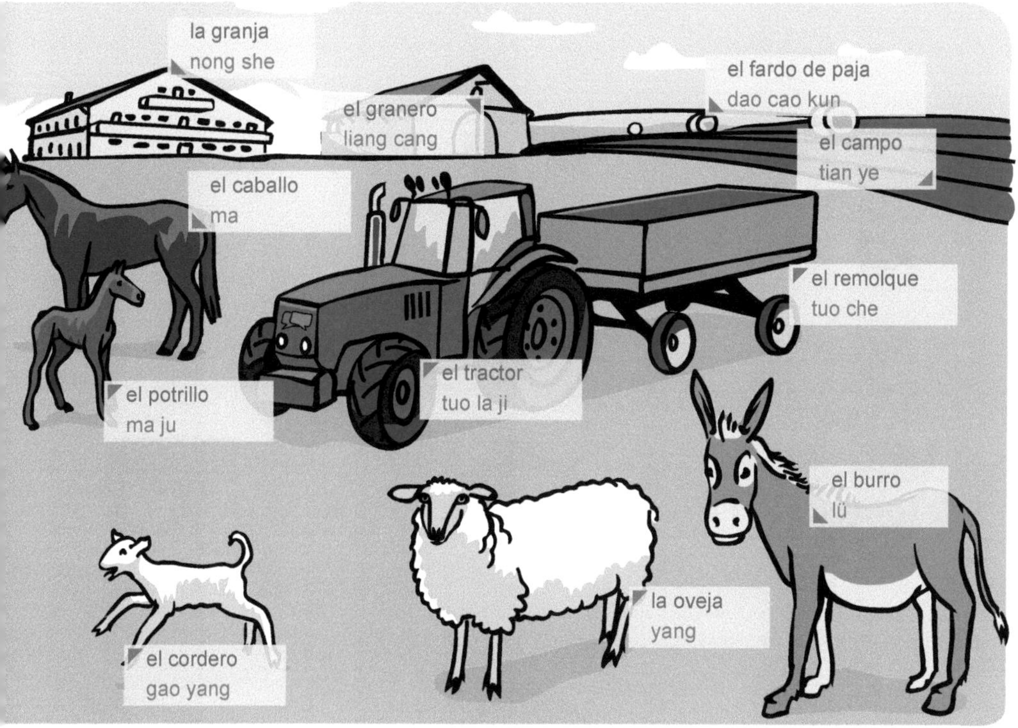
la granja
nong she
el granero
liang cang
el fardo de paja
dao cao kun
el campo
tian ye
el caballo
ma
el remolque
tuo che
el tractor
tuo la ji
el potrillo
ma ju
el burro
lü
la oveja
yang
el cordero
gao yang

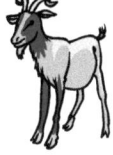

la cabra

shan yang

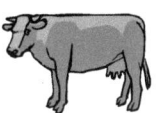

la vaca

nai niu

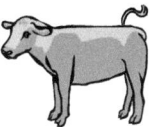

el ternero

niu du

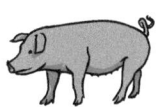

el cerdo

zhu

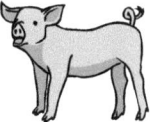

el lechón

xiao zhu

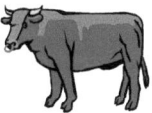

el toro

gong niu

el ganso

e

el pato

ya

el pollo

xiao ji

la gallina

mu ji

el gallo

gong ji

la rata

shu

el gato

mao

el ratón

lao shu

el buey

niu

el perro

gou

la cucha

gou wu

la manguera

hua yuan jiao shui ruan guan

la regadera

sa shui hu

la guadaña

chang bing da lian dao

el arado

li

la hoz
lian dao

la azada
chu tou

la horquilla
chang bing cao pa

el hacha
fu tou

la carretilla
du lun shou tui che

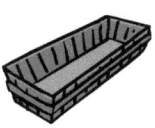

el abrevadero
si liao cao

la lechera
niu nai guan

la bolsa
ma bu dai

la reja
zha lan

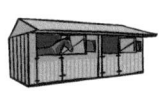

el establo
ma jiu

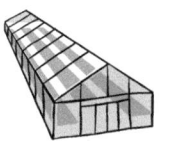

el invernadero
wen shi

el suelo
tu rang

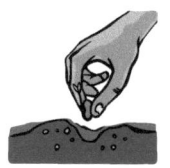

la semilla
zhong zi

el fertilizador
fei liao

la cosechadora
lian he shou ge ji

cosechar

shou ge

la cosecha

shou ge

las batatas

shan yao

el trigo

xiao mai

la soja

da dou

la papa

tu dou

el maíz

yu mi

la semilla de colza

you cai zi

el árbol frutal

guo shu

la mandioca

shu shu

los cereales

gu wu

la casa
fang zi

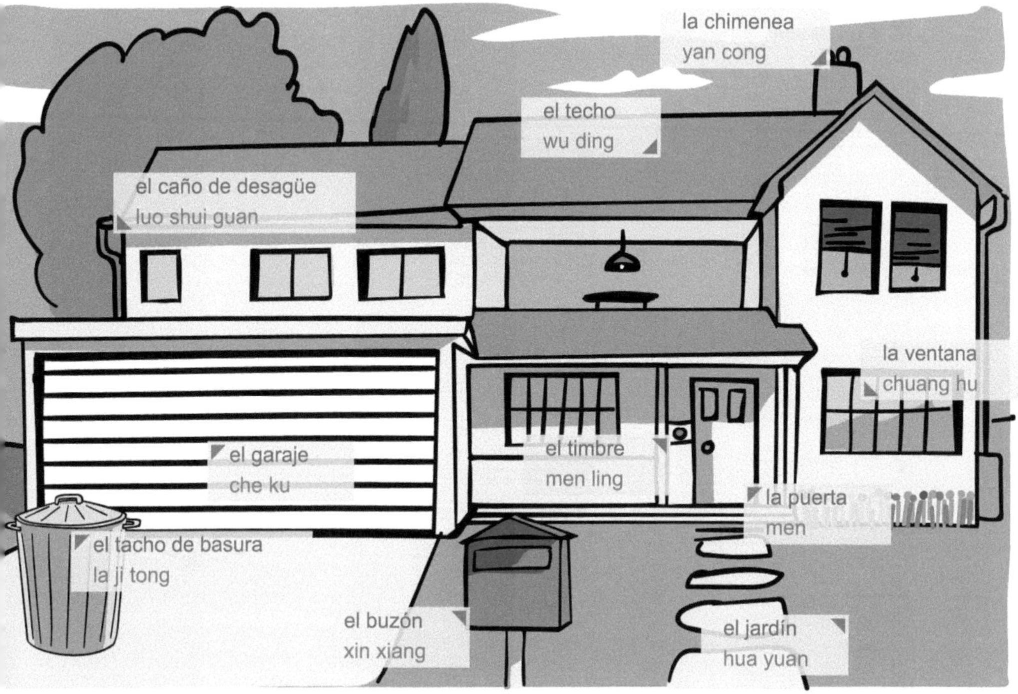

la chimenea
yan cong
el techo
wu ding
el caño de desagüe
luo shui guan
la ventana
chuang hu
el garaje
che ku
el timbre
men ling
la puerta
men
el tacho de basura
la ji tong
el buzón
xin xiang
el jardín
hua yuan

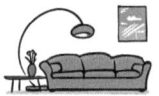

el living

ke ting

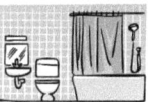

el baño

yu shi

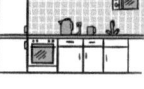

la cocina

chu fang

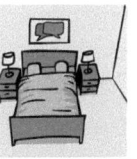

el dormitorio

wo shi

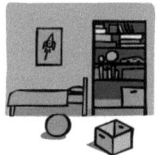

el cuarto de los chicos

er tong fang

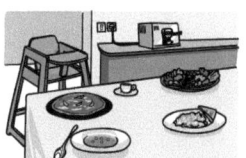

el comedor

can ting

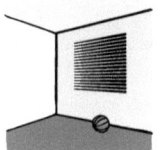

el piso

di ban

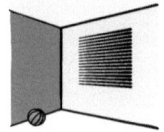

la pared

qiang bi

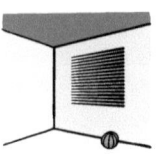

el cielorraso

diao ding

el sótano

di jiao

el sauna

sang na

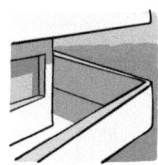

el balcón

yang tai

la terraza

lu tai

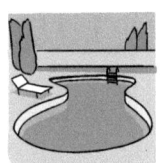

la pileta

you yong chi

la cortadora de pasto

ge cao ji

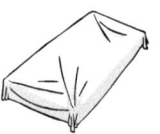

la sábana

bei dan

el acolchado

chuang zhao

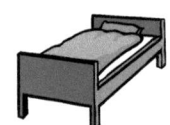

la cama

chuang

la escoba

sao zhou

el balde

shui tong

el interruptor

kai guan

el living
ke ting

el empapelado
bi zhi
la imagen
zhao pian
la lámpara
tai deng
el estante
ge jia
el armario
chu gui
la televisión
dian shi ji
la chimenea
bi lu
la flor
hua
el almohadón
dian zi
el sofá
sha fa
el florero
hua ping
el control remoto
yao kong qi

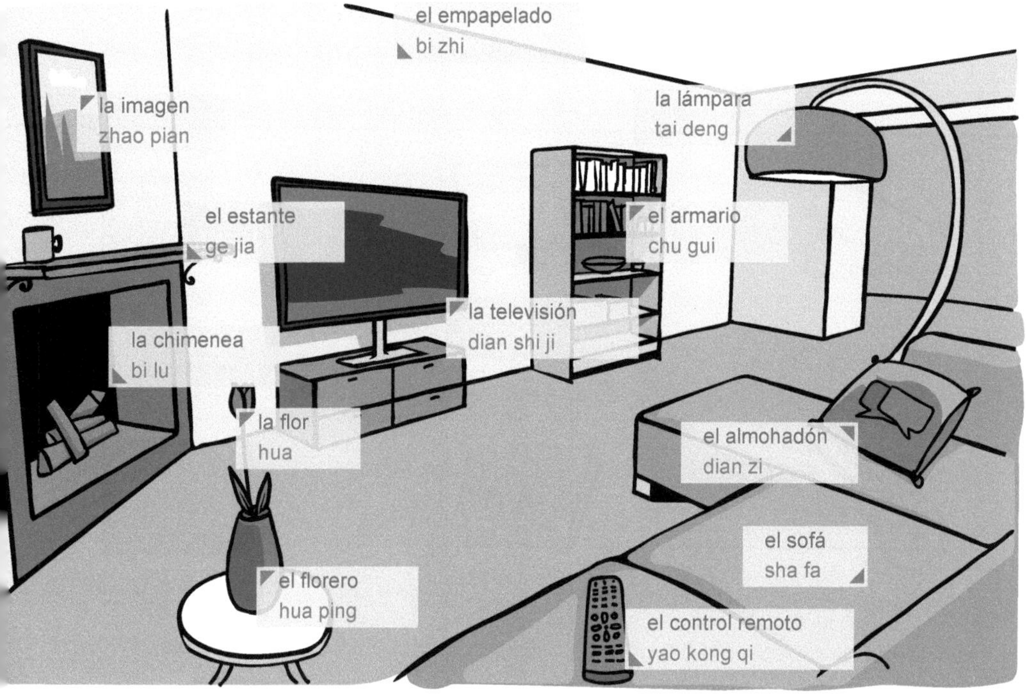

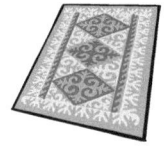

la alfombra

di tan

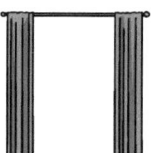

la cortina

chuang lian

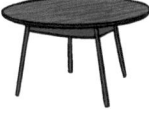

la mesa

can zhuo

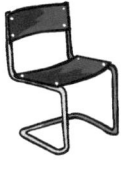

la silla

yi zi

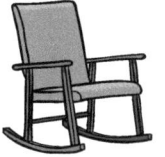

la mecedora

yao yi

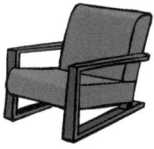

el sillón

fu shou yi

el libro

shu

la frazada

tan zi

la decoración

zhuang shi pin

la leña

mu chai

la película

dian ying

el equipo de música

gao bao zhen yin xiang

la llave

yao shi

el diario

bao zhi

la pintura

you hua

el póster

hai bao

la radio

shou yin ji

el cuaderno

bi ji ben

la aspiradora

xi chen qi

el cactus

xian ren zhang

la vela

la zhu

la cocina
chu fang

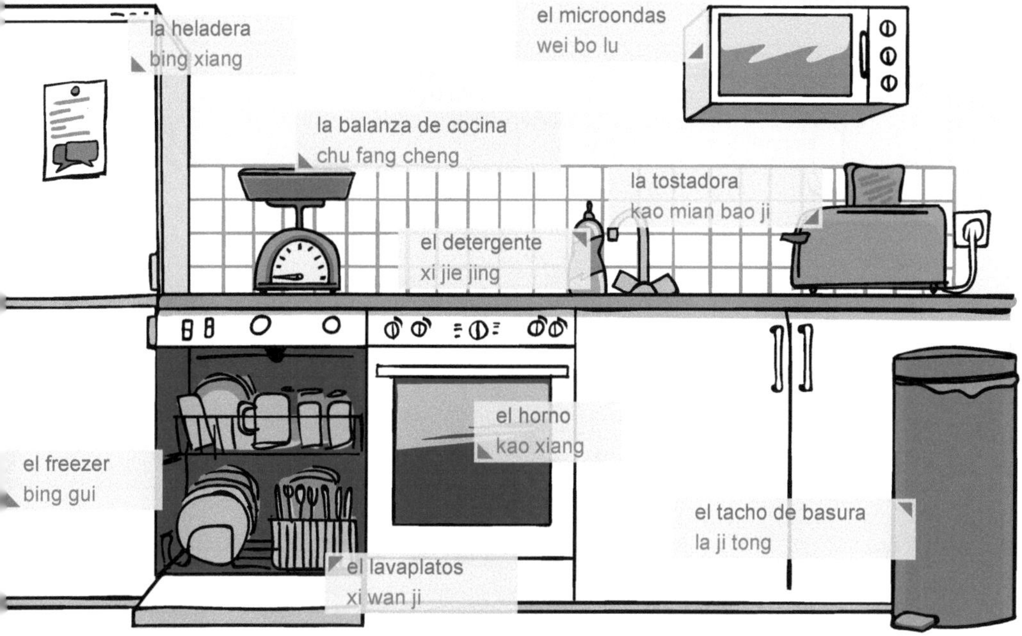

la heladera
bing xiang
el microondas
wei bo lu
la balanza de cocina
chu fang cheng
la tostadora
kao mian bao ji
el detergente
xi jie jing
el horno
kao xiang
el freezer
bing gui
el tacho de basura
la ji tong
el lavaplatos
xi wan ji

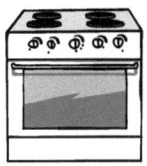

la cocina
....
chui ju

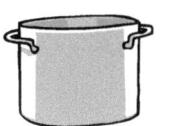

la olla
....
guo

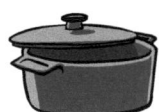

la olla de hierro fundido
....
zhu tie guo

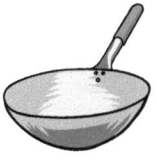

el wok
....
sha guo

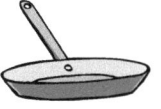

la sartén
....
ping di guo

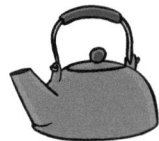

la pava
....
shui hu

la vaporera

zheng guo

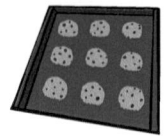

la bandeja de horno

kao pan

la vajilla

tao ci guo

la taza

ma ke bei

el bol

wan

los palitos

kuai zi

el cucharón

chang bing shao

la espátula

chan zi

la batidora

jiao ban qi

el colador

lü wang

el colador

shai zi

el rallador

mo sui ji

el mortero

yan bo

la parrilla

shao kao

la fogata

ming huo

la tabla de picar

cai ban

el palo de amasar

gan mian zhang

el sacacorchos

kai ping qi

la lata

guan zi

el abrelatas

kai ping qi

la manopla

ge re shou tao

la pileta

shui cao

el cepillo

shua zi

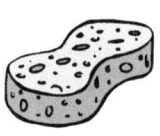

la esponja

hai mian

la batidora

jiao ban ji

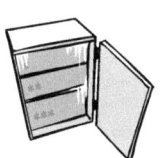

el congelador

leng cang xiang

la mamadera

nai ping

la canilla

shui long tou

el baño
yu shi

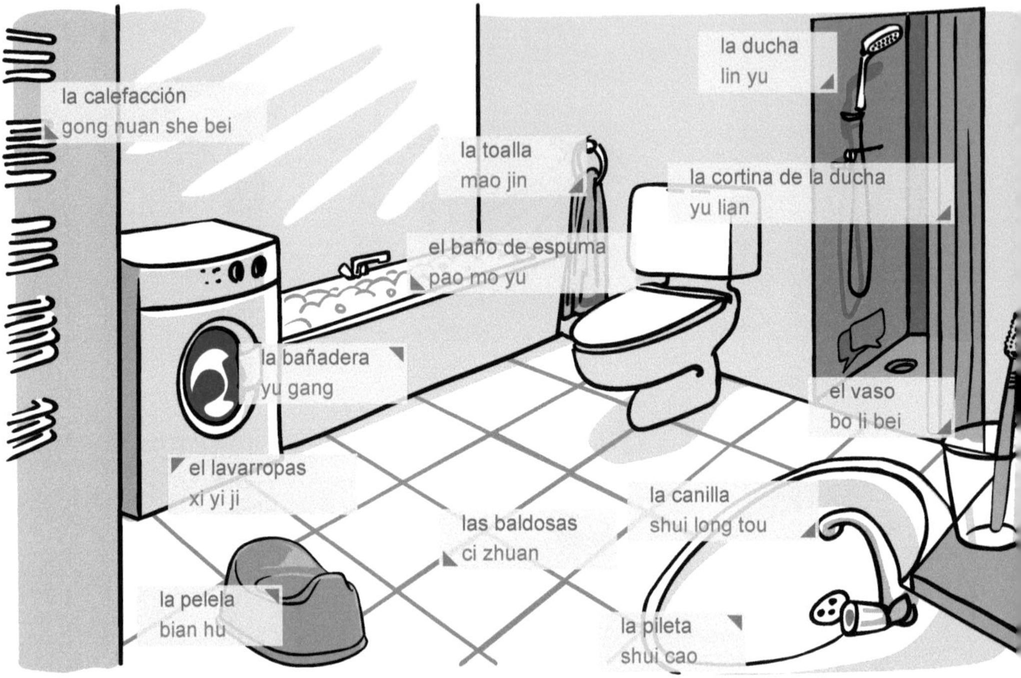

la ducha
lin yu
la calefacción
gong nuan she bei
la toalla
mao jin
la cortina de la ducha
yu lian
el baño de espuma
pao mo yu
la bañadera
yu gang
el vaso
bo li bei
el lavarropas
xi yi ji
la canilla
shui long tou
las baldosas
ci zhuan
la pelela
bian hu
la pileta
shui cao

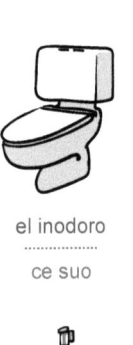

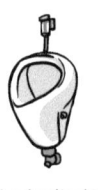

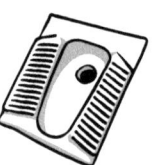

el inodoro

ce suo

la letrina

dun bian qi

el bidé

zuo yu qi

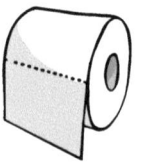

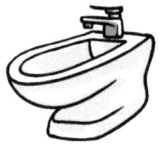

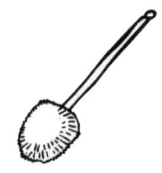

el mingitorio

xiao bian chi

el papel higiénico

ce zhi

el cepillo para el inodoro

ma tong shua

el cepillo de dientes

ya shua

el dentífrico

ya gao

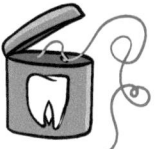

el hilo dental

ya xian

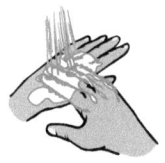

lavar

xi

la ducha de mano

shou chi shi pen lin tou

la ducha higiénica

chong xi qi

la palangana

xi lian pen

el cepillo para la espalda

ca bei shua

el jabón

fei zao

el gel de ducha

mu yu lu

el shampoo

xi fa shui

la toallita

fa lan rong

el desagüe

pai shui

la crema

ru shuang

el desodorante

chu chou ji

el espejo

jing zi

el espejito

shou jing

la maquinita de afeitar

ti xu dao

la espuma de afeitar

ti xu pao mo

el aftershave

xu hou shui

el peine

shu zi

el cepillo

shua zi

el secador de pelo

chui feng ji

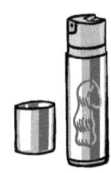

el spray

pen fa ding xing ji

el maquillaje

hua zhuang pin

el lápiz de labios

chun gao

el esmalte para uñas

zhi jia you

el algodón

hua zhuang mian

la tijera para uñas

zhi jia jian

el perfume

xiang shui

el portacosméticos

xi shu bao

la banqueta

deng zi

la balanza

ji zhong cheng

la bata

yu pao

los guantes de goma

xiang jiao shou tao

el tampón

wei sheng mian tiao

la toallita femenina

wei sheng jin

el baño químico

hua xue ce suo

el cuarto de los chicos

er tong fang

el despertador
nao zhong
el peluche
mao rong wan ju
el coche de juguete
wan ju che
el sonajero
bo lang gu
la casa de muñecas
wan ju wu
el regalo
li wu

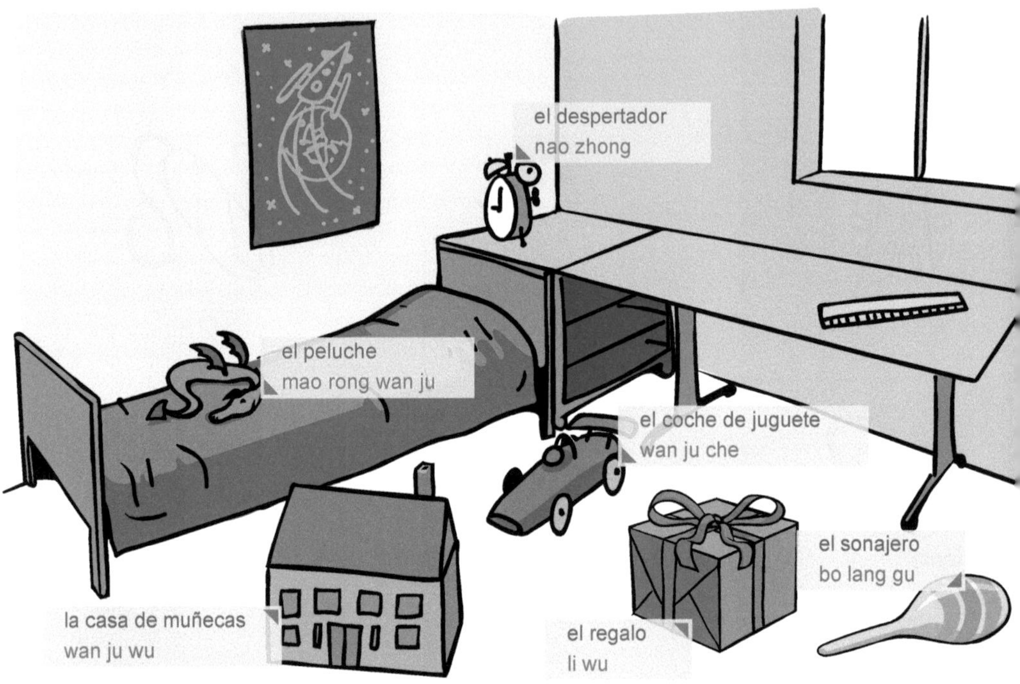

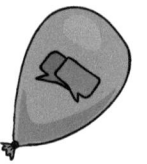

el globo

qi qiu

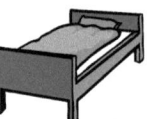

la cama

chuang

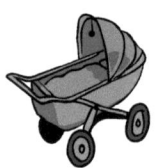

el cochecito

(yang wa wa yong)ying er che

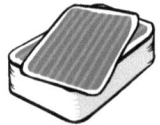

las cartas

pu ke pai

el rompecabezas

pin tu

SUPER
MEGA

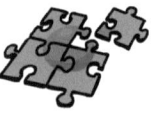

la historieta

man hua

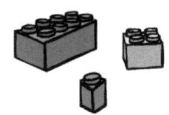

las piezas de lego

le gao ji mu

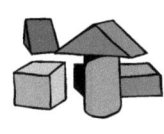

los ladrillos de juguete

ji mu wan ju

la figura de acción

wan ju ren

el enterito (de bebé)

ying er fu

el frisbee

fei pan

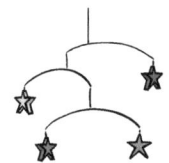

el móvil para bebés

chuang ling wan ju

el juego de mesa

qi pan you xi

los dados

shai zi

el tren eléctrico

huo che mo xing

el chupete

an fu nai zui

la fiesta

ju hui

el libro de cuentos ilustrado

hui ben

la pelota

qiu

la muñeca

yang wa wa

jugar

wan

el arenero

sha keng

la hamaca

qiu qian

los juguetes

wan ju

la consola de videojuegos

you xi ji

el triciclo

san lun che

el osito de peluche

tai di xiong

el armario

yi chu

la ropa
yi fu

las medias

wa zi

las medias panty

chang wa

las calzas

jin shen ku

la bufanda
wei jin

el paraguas
yu san

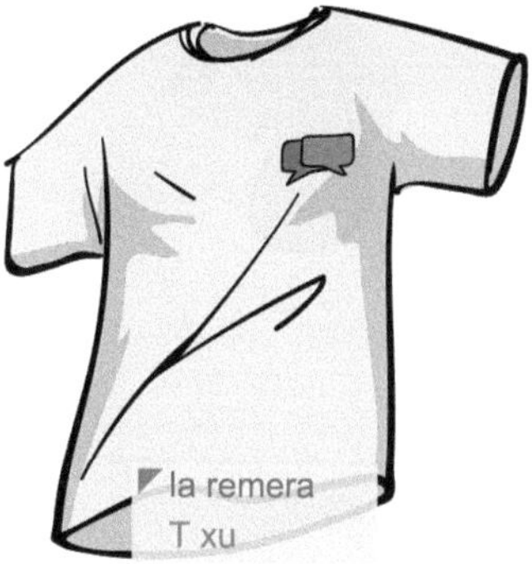

la remera
T xu

el cinturón
pi dai

las botas
xue zi

las pantuflas
tuo xie

las zapatillas
yun dong xie

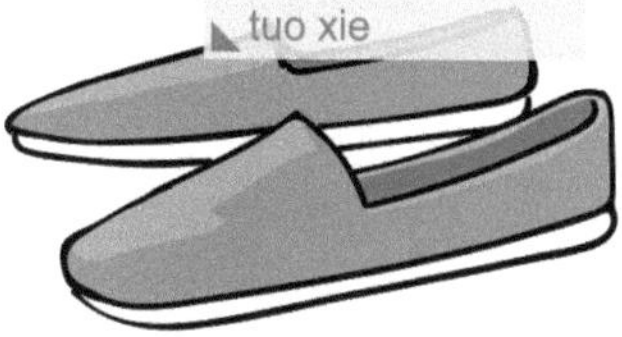

las sandalias
....
liang xie

los zapatos
....
xie

las botas de goma
....
yu xue

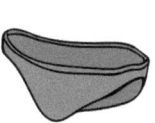

la ropa interior
....
nei ku

el corpiño
....
xiong zhao

el chaleco
....
bei xin

el body

shen ti

los pantalones

ku zi

los jeans

niu zai ku

la pollera

duan qun

la blusa

nü shi chen shan

la camisa

chen shan

el pulóver

tao tou shan

el buzo

wei yi

el blazer

xi zhuang jia ke

la campera

jia ke

el tapado

wai tao

el piloto

yu yi

el traje

tao zhuang

el vestido

lian yi qun

el vestido de novia

hun sha

el traje
xi zhuang

el camisón
shui pao

el pijama
shui yi

el sari
sha li

el pañuelo para la cabeza
tou jin

el turbante
bao tou jin

la burka
bo ka

el caftán
ka fu tan

la abaya
(a la bo shi)chang pao

el traje de baño
yong yi

el short de baño
nan shi yong ku

los shorts
duan ku

el jogging
yun dong fu

el delantal
wei qun

los guantes
shou tao

el botón

niu kou

los anteojos

yan jing

la pulsera

shou lian

el collar

xiang lian

el anillo

jie zhi

el aro

er huan

la gorra

bian mao

la percha

yi jia

el sombrero

mao zi

la corbata

ling dai

el cierre

la lian

el casco

tou kui

los tiradores

bei dai

el uniforme escolar

xiao fu

el uniforme

zhi fu

el babero
wei dou

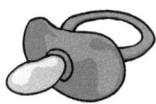

el chupete
an fu nai zui

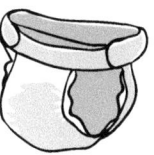

el pañal
niao bu shi

la oficina
ban gong shi

el servidor
fu wu qi

el archivero
wen jian gui

la impresora
da yin ji

el papel
zhi

el monitor
xian shi ping

el escritorio
ban gong zhuo

el mouse
shu biao

la carpeta
wen jian jia

el teclado
jian pan

el tacho (de basura)
fei zhi kuang

la silla
yi zi

la computadora
dian nao

la taza de café
ka fei bei

la calculadora
ji suan qi

el internet
yin te wang

la laptop

bi ji ben dian nao

la carta

xin jian

el mensaje

xiao xi

el celular

shou ji

la red

wang luo

la fotocopiadora

fu yin ji

el software

ruan jian

el teléfono

dian hua

el tomacorriente

cha zuo

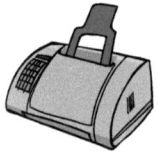

el fax

chuan zhen ji

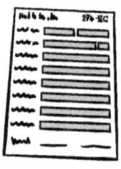

el formulario

biao ge

el documento

wen jian

comprar

mai

pagar

fu qian

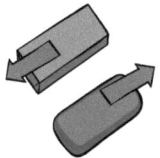

hacer negocios

jiao yi

el dinero

xian jin

el dólar

mei yuan

el euro

ou yuan

el yen

ri yuan

el rublo

lu bu

el franco suizo

rui shi fa lang

el yuan

ren min bi

la rupia

lu bi

el cajero automático

ti kuan chu

la casa de cambio

wai bi dui huan chu

el oro

jin

la plata

yin

el petróleo

shi you

la energía

neng yuan

el precio

jia ge

el contrato

he tong

el impuesto

shui jin

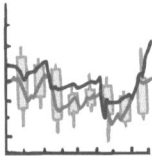

la acción

gu piao

trabajar

gong zuo

el empleado

zhi yuan

el empleador

lao ban

la fábrica

gong chang

el negocio

shang dian

las ocupaciones
zhi ye

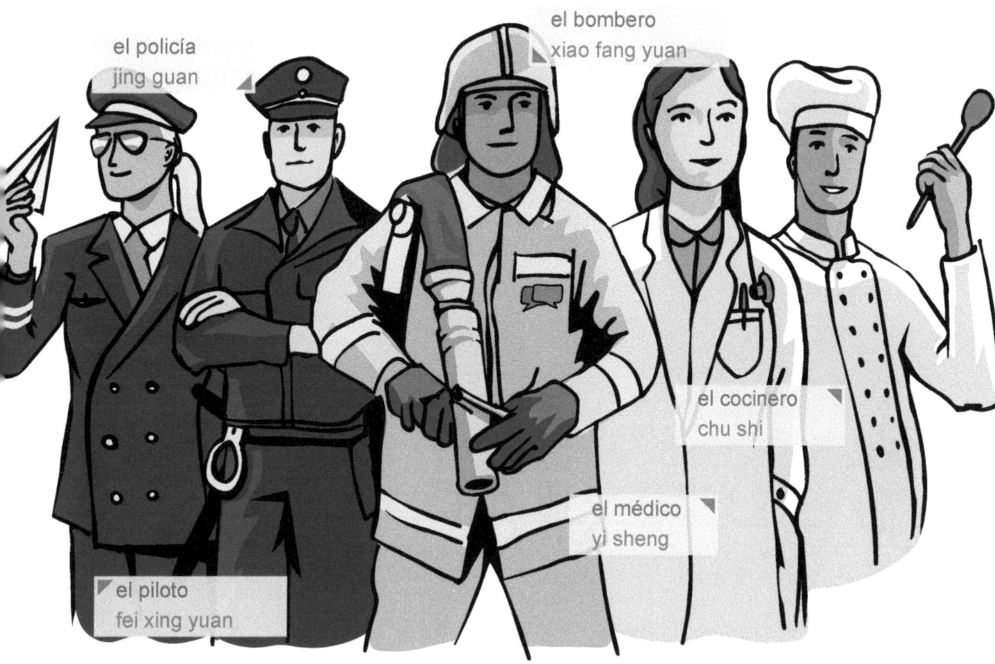

el policía
jing guan
el bombero
xiao fang yuan
el cocinero
chu shi
el médico
yi sheng
el piloto
fei xing yuan

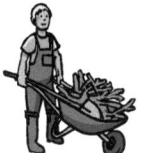

el jardinero

yuan ding

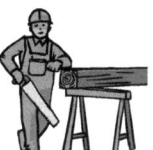

el carpintero

mu jiang

la modista

cai feng

el juez

fa guan

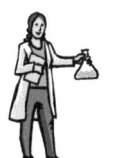

el farmacéutico

hua xue jia

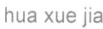

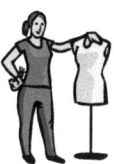

el actor

yan yuan

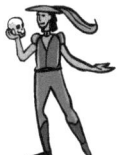

el colectivero

gong jiao che si ji

el taxista

chu zu che si ji

el pescador

yu fu

la mucama

qing jie nü gong

el techista

wu ding gong

el mozo

fu wu yuan

el cazador

lie ren

el pintor

hua jia

el panadero

mian bao shi

el electricista

dian gong

el albañil

jian zhu gong ren

el ingeniero

gong cheng shi

el carnicero

tu fu

el plomero

shui guan gong

el cartero

you di yuan

el soldado

shi bing

el arquitecto

jian zhu shi

el cajero

shou yin yuan

el florista

hua nong

el peluquero

li fa shi

el cobrador

shou piao yuan

el mecánico

ji xie shi

el capitán

chuan zhang

el dentista

ya yi

el científico

ke xue jia

el rabino

la bi

el imán

yi ma mu

el monje

he shang

el sacerdote

mu shi

las herramientas
gong ju

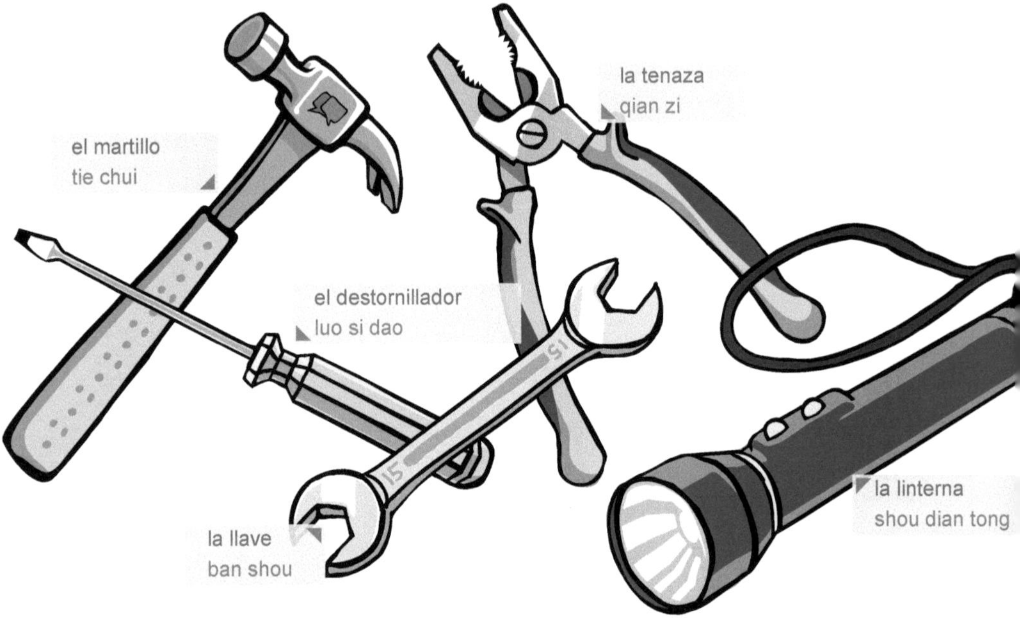

la tenaza
qian zi
el martillo
tie chui
el destornillador
luo si dao
la linterna
shou dian tong
la llave
ban shou

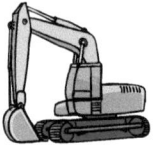

la excavadora

wa jue ji

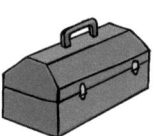

la caja de herramientas

gong ju xiang

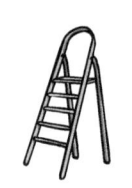

la escalera portátil

ti zi

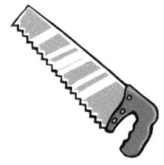

la sierra

ju zi

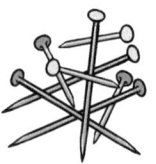

los clavos

ding zi

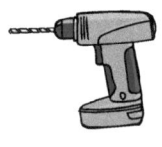

el taladro

zuan ji

arreglar

xiu

la pala de jardín

chan zi

¡Qué bronca!

kao!

la pala de plástico

bo ji

el tacho de pintura

you qi tong

los tornillos

luo si

los instrumentos musicales
yue qi

la batería
da jí yue qi

el parlante
yang sheng qi

la guitarra
ji ta

el contrabajo
di yin ti qin

la trompeta
xiao hao

el piano

gang qin

el violín

xiao ti qin

el bajo

bei si

los timbales

ding yin gu

el tambor

gu

el teclado

dian zi qin

el saxofón

sa ke si guan

la flauta

chang di

el micrófono

mai ke feng

el zoológico
dong wu yuan

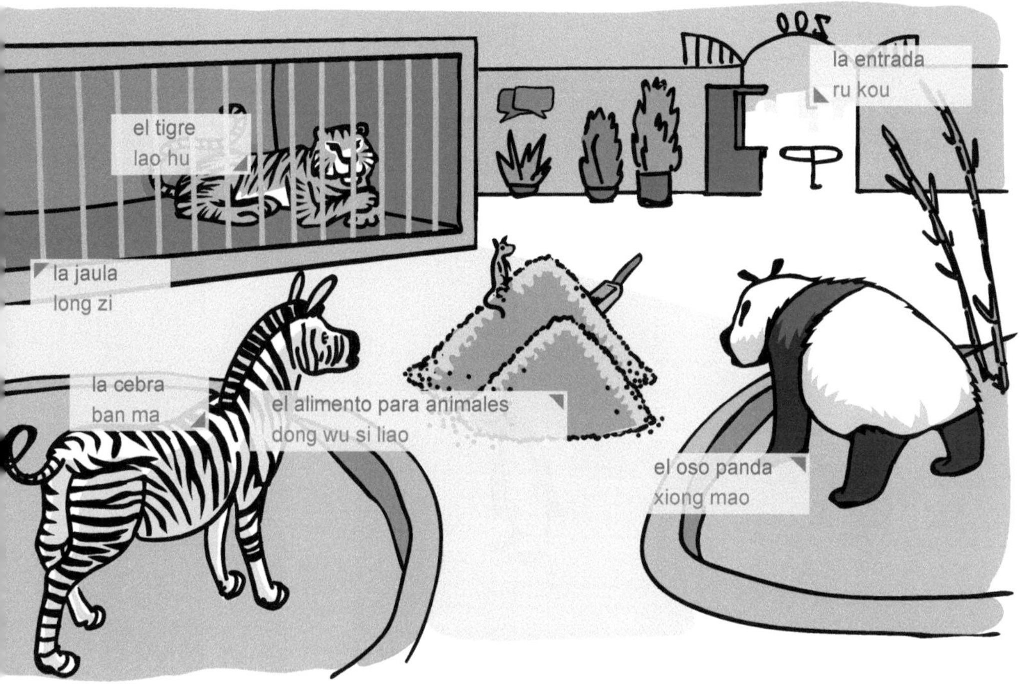

la entrada
ru kou
el tigre
lao hu
la jaula
long zi
la cebra
ban ma
el alimento para animales
dong wu si liao
el oso panda
xiong mao

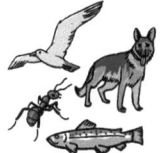

los animales

dong wu

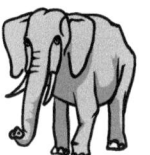

el elefante

da xiang

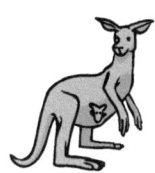

el canguro

dai shu

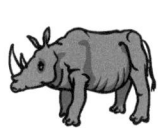

el rinoceronte

xi niu

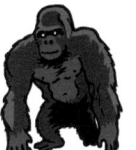

el gorila

da xing xing

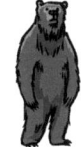

el oso

xiong

el camello

luo tuo

el avestruz

tuo niao

el león

shi zi

el mono

hou zi

el flamenco

huo lie niao

el loro

ying wu

el oso polar

bei ji xiong

el pingüino

qi e

el tiburón

sha yu

el pavo real

kong que

la serpiente

she

el cocodrilo

e yu

el cuidador del zoológico

dong wu yuan guan li yuan

la foca

hai bao

el jaguar

mei zhou bao

el poni

ai zhong ma

el leopardo

bao

el hipopótamo

he ma

la jirafa

chang jing lu

el águila

lao ying

el jabalí

ye zhu

el pescado

yu

la tortuga

gui

la morsa

hai xiang

el zorro

hu li

la gacela

ling yang

el fútbol americano
gan lan qiu

el ciclismo
qi zi xing che

el tenis
wang qiu

el básquet
lan qiu

la natación
you yong

el boxeo
quan ji

el hockey sobre hielo
bing qiu

el fútbol
ying shi zu qiu

el bádminton
yu mao qiu

el atletismo
tian jing

el handball
shou qiu

el esquí
hua xue

el polo
ma qiu

las actividades
huo dong

reír
xiao
saltar
tiao
abrazar
yong bao
caminar
zou lu
cantar
chang
soñar
zuo meng
rezar
qi dao
besar
qin wen

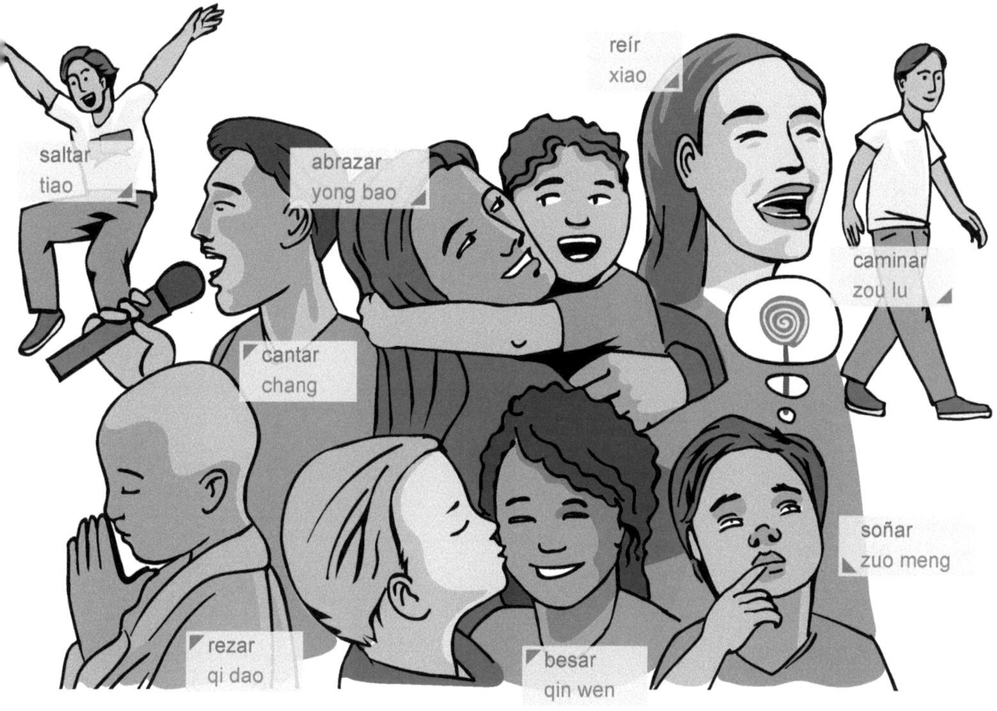

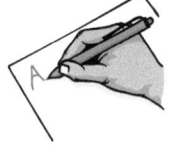

escribir

shu xie

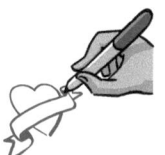

dibujar

hua

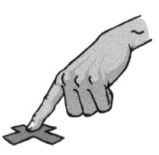

mostrar

zhan shi

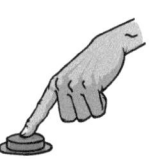

presionar

tui

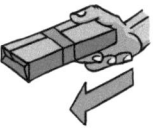

dar

gei

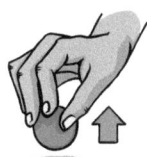

tomar

na

tener

you

hacer

zuo

ser

dang

estar parado

zhan

correr

pao

tirar

la

tirar

reng

caer

shuai dao

estar acostado

tang

esperar

deng dai

llevar

xie dai

estar sentado

zuo

vestirse

chuan yi

dormir

shui jiao

despertar

xing lai

mirar

kan

llorar

ku

acariciar

fu mo

peinar

shu tou

hablar

jiao tan

entender

ming bai

preguntar

wen

escuchar

ting

beber

he

comer

chi

ordenar

qing li

amar

ai

cocinar

zuo fan

manejar

kai che

volar

fei

navegar

hang xing

calcular

ji suan

leer

du

aprender

xue xi

trabajar

gong zuo

casarse

jie hun

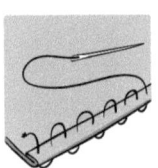

coser

feng

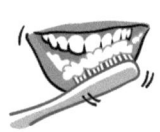

cepillarse los dientes

shua ya

matar

sha

fumar

chou yan

enviar

ji

la abuela
zu mu

el abuelo
zu fu

el padre
fu qin

la madre
mu qin

el bebé
ying tong

la hija
nü er

el hijo
er zi

el invitado

ke ren

la tía

a yi

el tío

shu shu

el hermano

xiong di

la hermana

jie mei

el cuerpo
shen ti

la frente
qian e
el ojo
yan jing
el hombro
jian bang
el dedo
shou zhi
la cara
lian
la pera
xia ba
la mano
shou
la pierna
tui
el pecho
ru fang
el brazo
shou bi

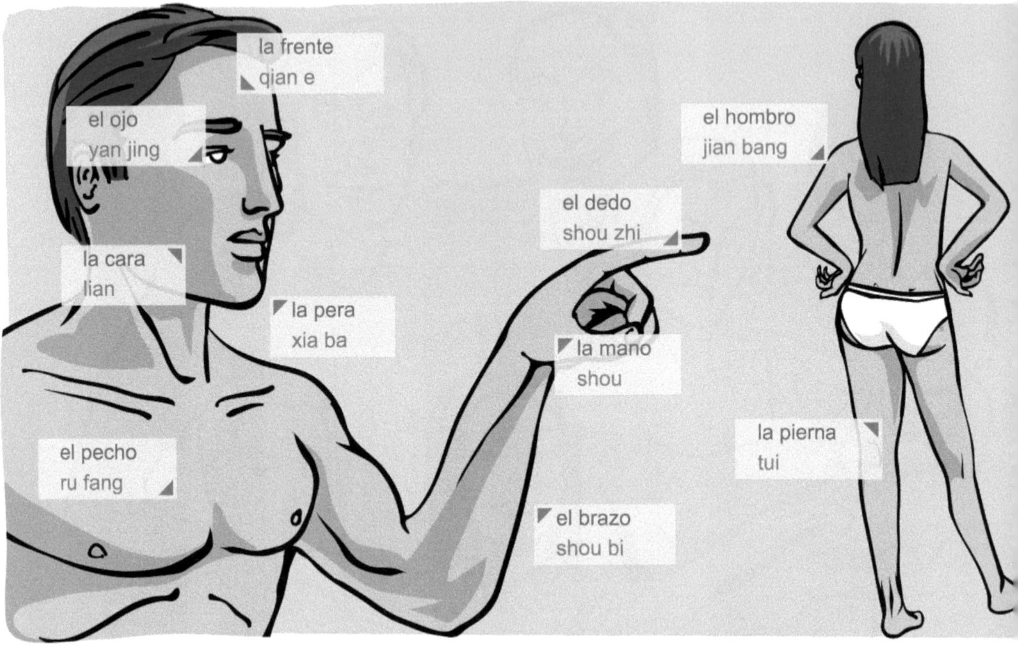

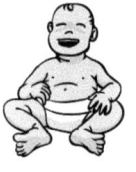

el bebé
ying tong

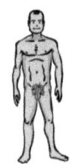

el hombre
nan ren

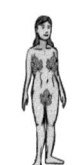

la mujer
nü ren

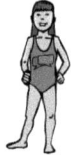

la nena
nü hai

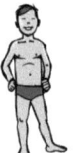

el nene
nan hai

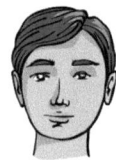

la cabeza
tou

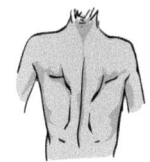

la espalda

bei bu

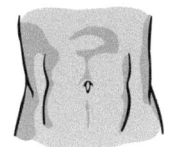

la panza

du zi

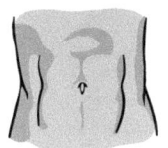

el ombligo

du qi

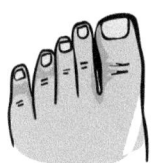

el dedo del pie

jiao zhi

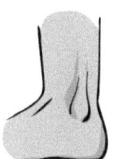

el talón

jiao hou gen

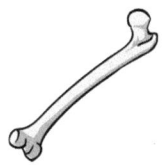

el hueso

gu tou

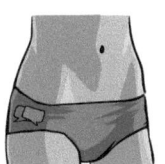

la cadera

tun bu

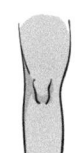

la rodilla

xi gai

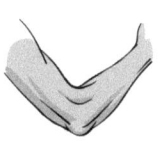

el codo

shou zhou

la nariz

bi zi

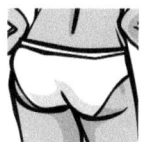

la cola

pi gu

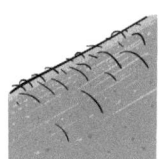

la piel

pi fu

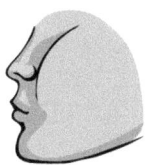

el cachete

lian jia

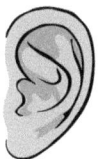

la oreja

er duo

el labio

zui chun

la boca

zui

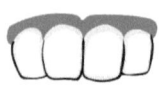

el diente

ya chi

la lengua

she tou

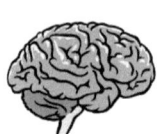

el cerebro

nao

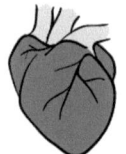

el corazón

xin zang

el músculo

ji rou

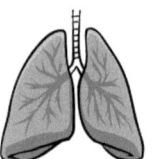

el pulmón

fei

el hígado

gan zang

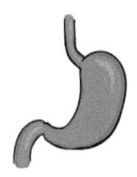

el estómago

wei

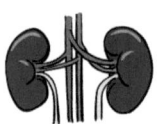

los riñones

shen zang

el sexo

xing jiao

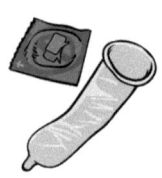

el preservativo

bi yun tao

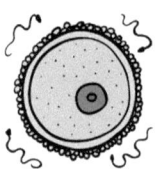

el óvulo

luan zi

el semen

jing zi

el embarazo

huai yun

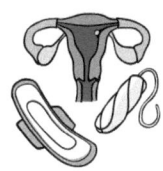

la menstruación

yue jing

la vagina

yin dao

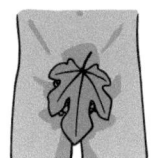

el pene

yin jing

la ceja

mei mao

el pelo

tou fa

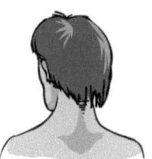

el cuello

bo zi

el hospital
yi yuan

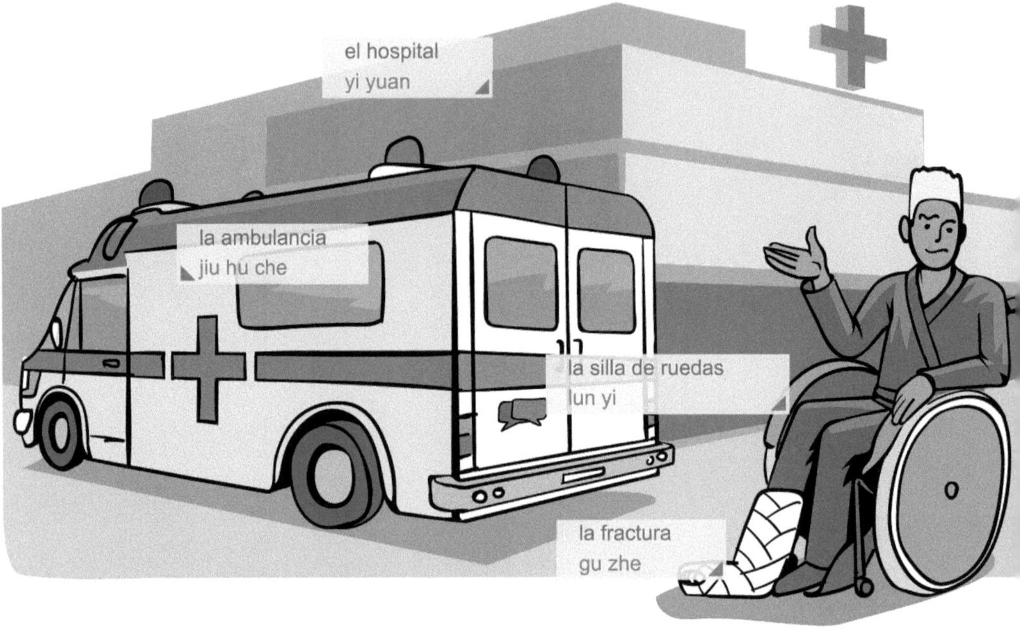

el hospital
yi yuan
la ambulancia
jiu hu che
la silla de ruedas
lun yi
la fractura
gu zhe

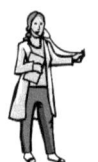

el médico

yi sheng

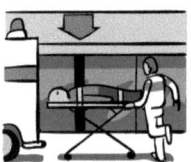

la sala de guardia

ji zhen shi

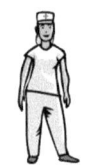

la enfermera

hu shi

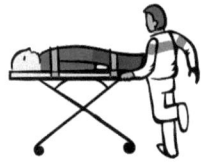

la emergencia

jin ji qing kuang

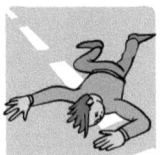

inconsciente

hun mi

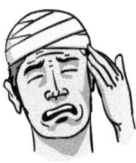

el dolor

tong

la lesión
shou shang

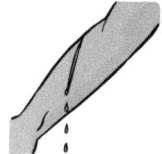

la hemorragia
chu xue

el infarto
xin zang bing fa zuo

el ACV
zhong feng

la alergia
guo min

la tos
ke sou

la fiebre
fa shao

la gripe
liu gan

la diarrea
fu xie

el dolor de cabeza
tou tong

el cáncer
ai zheng

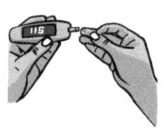

la diabetes
tang niao bing

el cirujano
wai ke yi sheng

el bisturí
shou shu dao

la operación
shou shu

la TC

CT

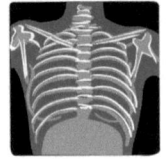

los rayos x

X guang

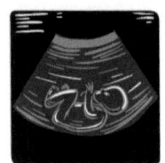

la ecografía

chao sheng bo

el barbijo

kou zhao

la enfermedad

ji bing

la sala de espera

hou zhen shi

la muleta

guai zhang

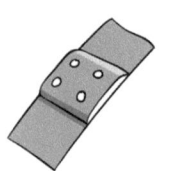

la curita

shi gao

la venda

beng dai

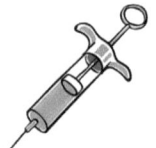

la inyección

zhu she

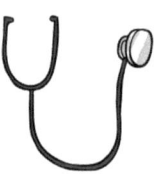

el estetoscopio

ting zhen qi

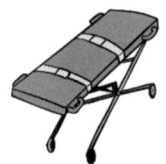

la camilla

dan jia

el termómetro

ti wen ji

el nacimiento

chu sheng

el sobrepeso

chao zhong

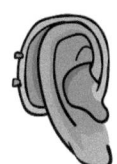

el audífono

zhu ting qi

el desinfectante

xiao du ye

la infección

gan ran

el virus

bing du

el VIH / SIDA

ai zi bing

el remedio

yao wu

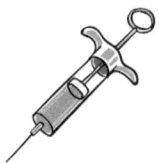

la vacunación

jie zhong yi miao

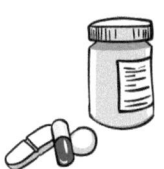

los comprimidos

yao pian

la pastilla anticonceptiva

yao wan

la llamada de emergencia

ji jiu dian hua

el tensiómetro

xue ya ji

enfermo / sano

sheng bing/jian kang

¡Ayuda!

jiu ming!

la alarma

jing bao

la agresión

tu ji

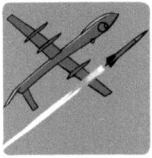

el ataque

gong ji

el peligro

wei xian

la salida de emergencia

jin ji chu kou

¡Fuego!

zhao huo la!

el matafuego

mie huo qi

el accidente

yi wai

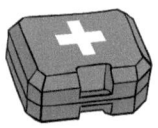

el botiquín de primeros auxilios

ji jiu xiang

el SOS

hu jiu xin hao

la policía

jing cha

Europa

ou zhou

América del Norte

bei mei zhou

América del Sur

nan mei zhou

África

fei zhou

Asia

ya zhou

Australia

ao zhou

el Atlántico

da xi yang

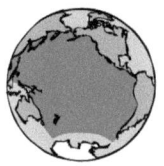

el Pacífico

tai ping yang

el Océano Índico

yin du yang

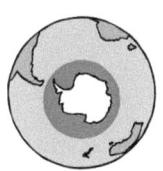

el Océano Antártico

nan bing yang

el Océano Ártico

bei bing yang

el polo norte

bei ji

el polo sur

nan ji

la Antártida

nan ji zhou

la Tierra

di qiu

la tierra

lu di

el mar

hai

la isla

dao

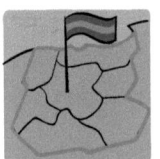

la nación

guo jia

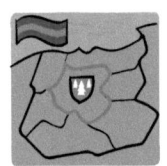

el estado

guo jia

la esfera

zhong mian

la manecilla de las horas

shi zhen

el minutero

fen zhen

el segundero

miao zhen

¿Qué hora es?

xian zai ji dian?

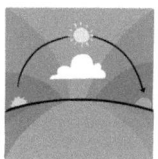

el día

tian

la hora

shi jian

ahora

xian zai

el reloj digital

dian zi biao

el minuto

fen

la hora

shi

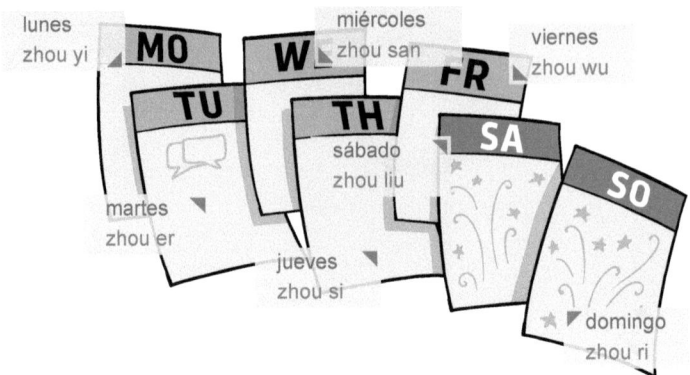

lunes
zhou yi

miércoles
zhou san

viernes
zhou wu

martes
zhou er

sábado
zhou liu

jueves
zhou si

domingo
zhou ri

ayer
zuo tian

hoy
jin tian

mañana
ming tian

la mañana
zao chen

el mediodía
zhong wu

la tarde
wan shang

los días hábiles
gong zuo ri

el fin de semana
zhou mo

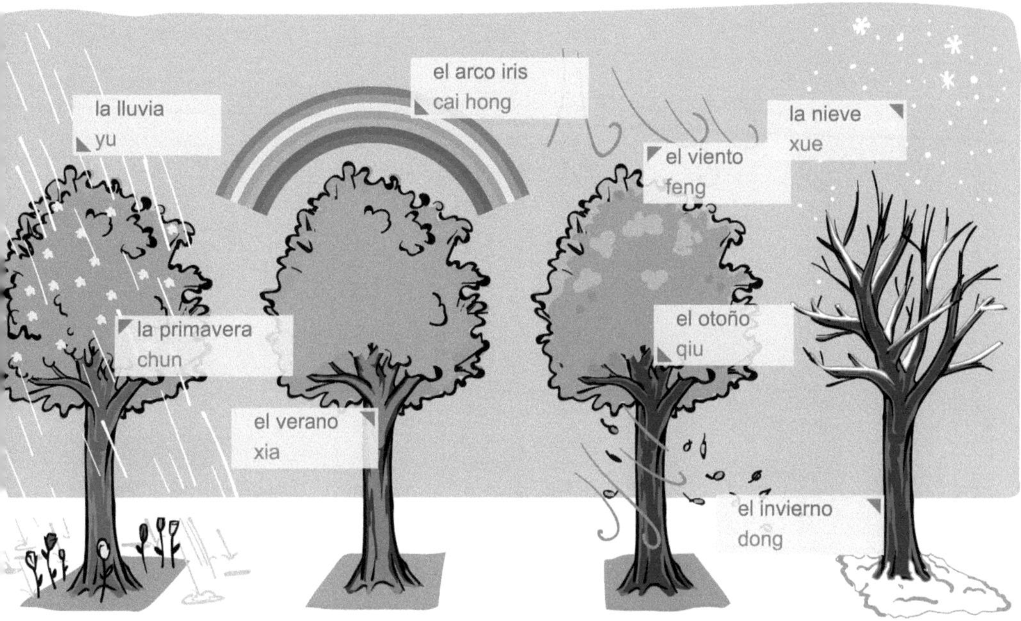

la lluvia
yu
el arco iris
cai hong
la nieve
xue
el viento
feng
la primavera
chun
el otoño
qiu
el verano
xia
el invierno
dong

4.APRIL 11°
5.APRIL 4°
6.APRIL 13°
7.APRIL 8°
8.APRIL 10°

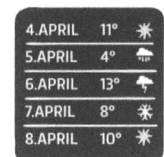

pronóstico meteorológico

tian qi yu bao

F
C
120
90
60
30
0
-30
40
30
20
10
0
-10
-20

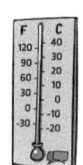

el termómetro

wen du ji

la luz del sol

yang guang

la nube

yun

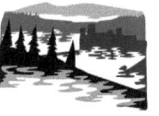

la niebla

wu

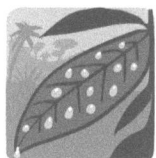

la humedad

chao shi

el rayo

shan dian

el trueno

da lei

la tormenta

feng bao

el granizo

bing bao

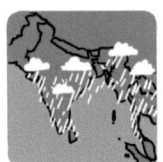

el monzón

ji feng

la inundación

hong shui

el hielo

bing

enero

yi yue

febrero

er yue

marzo

san yue

abril

si yue

mayo

wu yue

junio

liu yue

julio

qi yue

agosto

ba yue

septiembre
....
jiu yue

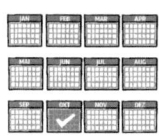

octubre
....
shi yue

noviembre
....
shi yi yue

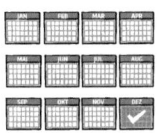

diciembre
....
shi er yue

las formas
xing zhuang

el círculo
....
yuan xing

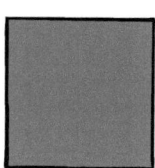

el cuadrado
....
zheng fang xing

el rectángulo
....
chang fang xing

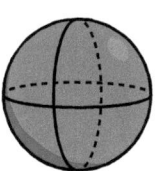

el triángulo
....
san jiao xing

el triángulo
....
san jiao xing

la esfera
....
qiu ti

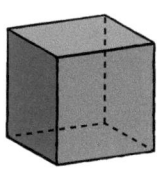

el cubo
....
li fang ti

blanco

bai

amarillo

huang

naranja

cheng

rosa

fen

rojo

hong

violeta

zi

azul

lan

verde

lü

marrón

zong

gris

hui

negro

hei

mucho / poco

hen duo/shao xu

enojado / tranquilo

sheng qi/ping jing

lindo / feo

mei/chou

el principio / el fin

shou/wei

grande / chico

da/xiao

claro / oscuro

ming/an

el hermano / la hermana

xiong di/jie mei

limpio / sucio

gan jing/ang zang

completo / incompleto

wan zheng/que shi

el día / la noche

bai tian/wan shang

muerto / vivo

si/sheng

ancho / angosto

kuan/zhai

comestible / no comestible

ke shi yong/fei shi yong

malo / amable

xie e/shan liang

entusiasmado / aburrido

xing fen/wu liao

gordo / flaco

pang/shou

primero / último

di yi/zui hou

el amigo / el enemigo

peng you/di ren

lleno / vacío

man/kong

duro / blando

ying/ruan

pesado / liviano

zhong/qing

el hambre / la sed

e/ke

enfermo / sano

sheng bing/jian kang

ilegal / legal

fei fa/he fa

inteligente / estúpido

cong ming/yu ben

izquierda / derecha

zuo/you

cerca / lejos

jin/yuan

nuevo / usado
....
xin/jiu

nada / algo
....
mei you/you xie

viejo / joven
....
lao/you

encendido / apagado
....
kai/guan

abierto / cerrado
....
da kai/he shang

silencioso / ruidoso
....
an jing/chao nao

rico / pobre
....
fu/qiong

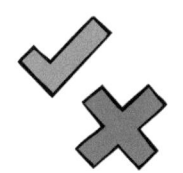

correcto / incorrecto
....
dui/cuo

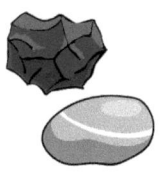

áspero / suave
....
cu cao/guang hua

triste / contento
....
shang xin/gao xing

corto / largo
....
duan/chang

lento / rápido
....
man/kuai

mojado / seco
....
shi/gan

caliente / frío
....
wen nuan/liang shuang

guerra / paz
....
zhan zheng/he ping

0

cero

ling

1

uno

yi

2

dos

er

3

tres

san

4

cuatro

si

5

cinco

wu

6

seis

liu

7

siete

qi

8

ocho

ba

9

nueve

jiu

10

diez

shi

11

once

shi yi

12

doce

shi er

13

trece

shi san

14

catorce

shi si

15

quince

shi wu

16

dieciséis

shi liu

17

diecisiete

shi qi

18

dieciocho

shi ba

19

diecinueve

shi jiu

20

veinte

er shi

100

cien

bai

1.000

mil

qian

1.000.000

el millón

bai wan

el inglés

ying yu

el inglés americano

mei shi ying yu

el chino mandarín

pu tong hua

el hindi

yin di yu

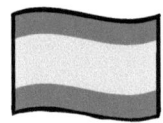

el español

xi ban ya yu

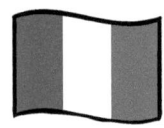

el francés

fa yu

el árabe

a la bo yu

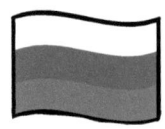

el ruso

e yu

el portugués

pu tao ya yu

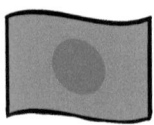

el bengalí

feng jia la yu

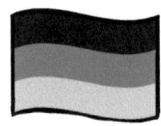

el alemán

de yu

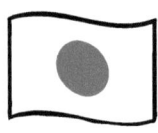

el japonés

ri yu

yo

wo

vos

ni

él / ella

ta/ta/ta

nosotros

wo men

ustedes

ni men

ellos

ta men

¿quién?

shei?

¿qué?

shen me?

¿cómo?

zen yang?

¿dónde?

na li?

¿cuándo?

shen me shi hou?

el nombre

ming zi

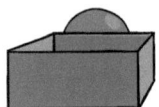

detrás

hou mian

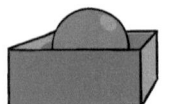

en

li mian

adelante de

qian mian

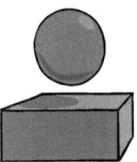

por encima de

shang fang

sobre

shang mian

debajo de

xia mian

al lado de

pang bian

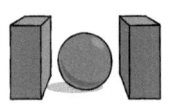

entre

zhong jian

el lugar

di dian